VINGT-SIX

TABLEAUX

TRÈS-IMPORTANTS

DE

L'ÉCOLE MODERNE

Me BOUSSATON, Commissaire-Priseur

M. DURAND-RUEL, Expert

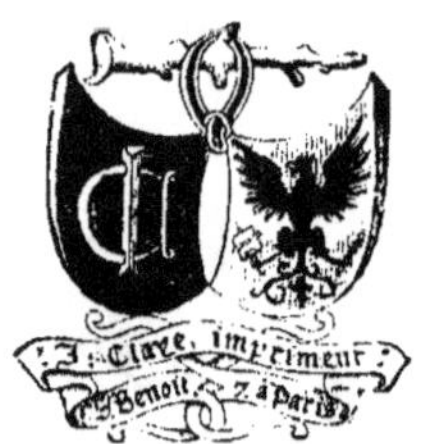
J. Claye, imprimeur
7, rue St-Benoît, à Paris

CATALOGUE

DE

VINGT-SIX

TABLEAUX

TRÈS-IMPORTANTS

DE L'ÉCOLE MODERNE

DONT LA VENTE PUBLIQUE AURA LIEU

HOTEL DROUOT, SALLE Nº 9

AU PREMIER ÉTAGE

LE SAMEDI 4 AVRIL 1868

A 3 heures 1/2 précises

Mᵉ BOUSSATON, Commissaire-priseur, rue Le Peletier, 7.

M. DURAND-RUEL, Expert, 1, rue de la Paix.

EXPOSITIONS
Particulière, le Jeudi 2 Avril 1868.
Publique, le Vendredi 3 Avril 1868

DE 1 HEURE A 5 HEURES

CONDITIONS DE LA VENTE

Elle sera faite au comptant.

Les adjudicataires payeront cinq pour cent en sus des enchères applicables aux frais.

CE CATCALOGUE SE TROUVE

Chez MM.

A Paris. . . . . {
BOUSSATON, commissaire-priseur, 7, rue Le Peletier.
DURAND-RUEL, expert, 1, rue de la Paix.

A Londres . . . . . . {
GAMBART, 1, King-street, St-James's Sq.
WALLIS, 120, Pall Mall.

A Bruxelles . . . . . . | HOLLENDER, 3, rue des Croisades.

A Berlin. . . . . | LEPKE, 12, Unter den Linden.

A Vienne . . . . | KAESER, 2, Bognergasse.

DÉSIGNATION

BESSON (Faustin).

1. — Les Actrices de la Comédie-Française en 1855.

Les différentes artistes de la Comédie-Française sont groupées
en avant d'un portique, dans le costume de leurs principaux
rôles, autour de Mlle Rachel, qui occupe le centre de la composi-
tion. — La grande tragédienne est drapée à l'antique & tient une
couronne dans la main droite.

Haut. 1 mètre 76 cent. ; larg. 1 mètre 30 cent.

CHASSÉRIAU

2. — Intérieur de harem.

Dans un intérieur oriental, une odalisque debout, le haut du
corps nu & en train de se coiffer, est aidée par une de ses com-
pagnes. Sur un divan, une négresse accroupie tient un miroir. Au
fond, un Turc contemple cette scène en fumant une chibouque.

Haut. 46 cent. ; larg. 37 cent.

COURBET

3. — Les Demoiselles de village.

Au bord d'un ruisseau qui traverse la vallée d'Ornans, des jeunes filles donnent l'aumône à une jeune paysanne.

Haut. 53 cent.; larg. 64 cent.

COURBET

4. — Plage de Trouville.

Marée basse par un temps couvert.

Haut. 45 cent.; larg. 59 cent.

DAUBIGNY

5. — Le Passeur des bords de l'Oise.

La barque approche de la rive bordée de maisons.

Haut. 38 cent.; larg. 65 cent.

DECAMPS

6. — Le Chenil.

Des chiens bassets attendent patiemment, devant une auge vide, l'heure de la pâtée.

Haut. 20 cent.; larg. 24 cent.

DECAMPS

7. — Pâtre romain.

Il est assis sur un rocher dans la campagne de Rome; à ses pieds, son chien. Fond de montagnes à l'horizon.

Haut. 33 cent.; larg. 40 cent.

DELACROIX (Eug.)

8. — Attila, suivi de ses hordes, pousse devant lui les populations de l'Italie conquise.

Projet du plafond de la bibliothèque du Corps législatif.

Haut. 36 cent.; larg. 93 cent.

DIAZ

1,500.

9. — Confidences de l'Amour.

Près du temple de Vénus, une jeune fille écoute avec plaisir
les conseils de l'Amour.

Haut. 43 cent.; larg. 21 cent.

DIAZ

1,800.

10. — Forêt de Fontainebleau.

Une jeune fille s'avance sur un sentier au milieu des rochers.

Haut. 46 cent.; larg. 65 cent.

DUPRÉ (JULES)

2,900.

11. — La Mare.

Une jeune fille est assise sur un terrain qui descend en pente
rapide à une mare; des groupes d'arbres se détachent vigoureu-
sement sur le ciel.

Haut. 45 cent.; larg. 57 cent.

DUPRÉ (Jules)

12. Le Retour du troupeau.

Au milieu d'une forêt un troupeau de bœufs s'avance sur un chemin détrempé par la pluie.

Haut. 41 cent.; larg. 60 cent.

FRANÇAIS

13. — Vue prise au Bas-Meudon.

Dans une des îles de la Seine, paissent des vaches au bord de l'eau ; en premier plan, un peintre travaille, tandis qu'un homme couché dans l'herbe le regarde peindre. Un troupeau d'oies nage dans la rivière. Au fond & en dernier plan les hauteurs de Belle-vue & de Saint-Cloud. Tableau admis à l'Exposition de 1861.

Haut. 78 cent.; larg. 1 mètre 18 cent.

FROMENTIN

14. — Le Fauconnier arabe.

Un jeune arabe, sur son cheval au galop, vient de lancer un faucon.

Haut. 35 cent.; larg. 25 cent.

FROMENTIN

15. — Une Halte au désert.

Un cavalier est arrêté près d'une tente, il boit à même une écuelle que lui présentent deux Arabes.

Haut. 35 cent.; larg. 25 cent.

GÉROME

16. — Intérieur d'un lupanar.

Dans l'atrium d'une maison romaine, des femmes nues sont groupées dans des poses diverses. Au premier plan, une courtisane à la peau bronzée est couchée sur une peau de lion ; une autre se lève à demi d'un lit de repos, près d'un guéridon supporté par des Faunes, au pied duquel est un bassin chargé de fruits; une troisième, debout, la hanche cambrée, tient dans la main droite une écharpe verte. Une vieille femme introduit un jeune homme.

Haut. 63 cent.; larg. 88 cent.

LANDELLE

17. — Les Vanneuses de Beast (Basses-Pyrénées).

Une jeune paysanne, dans une attitude gracieuse, laisse tomber le grain à ses côtés.

Haut. 17 cent.; larg. 14 cent.

MEISSONIER

23,800 — 18. — Napoléon Ier en 1814.

L'Empereur, en habit de chasseur à cheval, recouvert de la redingote grise, est sur un cheval blanc au repos. La tête, éclairée par les derniers rayons d'un soleil pâle, se détache sur un ciel nuageux. La figure est empreinte d'une préoccupation douloureuse & grave.

Haut. 31 cent.; larg. 24 cent.

RIESENER

7,125. — 19. — Léda.

Elle est renversée au milieu des roseaux, poursuivie par le cygne qui se précipite sur elle. Fait en 1830.

Haut. 1 mètre 55 cent.; larg. 1 mètre 10 cent.

ROBERT-FLEURY

2,000. — 20. — Le Titien dans son atelier reçoit la visite de Michel-Ange & de Vasari.

Haut. 81 cent.; larg. 1 mètre.

ROQUEPLAN

580.

21. — L'Automne.

Une jeune femme assise sur un tertre presse des grappes de
raisin dont le jus est recueilli par de jeunes enfants.

Haut. 55 cent.; larg. 40 cent.

ROUSSEAU (Théodore)

16,600.

22. — L'Automne; fin d'octobre.

Paysage de Sologne.

« Or c'etoit en automne,
Quand la précaution au voyageur est bonne. »

(La Fontaine : *Phébus & Borée.*)

Exposition universelle de 1867.

Haut. 77 cent.; larg. 1 mètre 44 cent.

ROUSSEAU (Théodore)

3,950.

23. — La plaine d'Achères.

Au centre, des flaques d'eau & des vaches conduites par une
paysanne.

Haut. 32 cent.; larg. 50 cent.

ROUSSEAU (Théodore)

24. — La Mare.

Lisière de la forêt de Fontainebleau près des gorges d'Apremont ; des vaches viennent chercher l'ombre sous de grands arbres qui se reflètent dans l'eau.

Haut. 30 cent. ; larg. 46 cent.

STEVENS (A.)

25. — Une Matinée à la campagne.

Exposition universelle de 1867 (Belgique).

Haut. 92 cent. ; larg. 73 cent.

ZIEM

26. — Stamboul.

Sur le Bosphore plusieurs gros navires échangent des saluts.

Haut. 1 mètre 20 cent. ; larg. 2 mètres 10 cent.

PARIS. — J. CLAYE, IMPRIMEUR, 7, RUE SAINT-BENOIT. — [162]

Vente du 4 avril 1868

Me *Boussaton*, commissaire-priseur ;
M. *Durand-Ruel*, expert.

—

Ces 26 tableaux modernes ont produit près de 147,000 francs, 5 0/0 compris. Les prix obtenus, ainsi qu'il était facile de le prévoir, sont dignes de la vente.

1 — Besson (F). La Comédie Française en 1855. — 1,020 fr.

2 — Chasseriau. Intérieur de harem. — 890 fr.

3 — Courbet. Les Demoiselles de village. — 1,200 fr.

4 — Le même. Plage de Trouville. — 550 fr.

5 — Daubigny. Le Passeur de l'Oise. — 1,900 fr.

6 — Decamps. Le Chenil. — 3,000 fr.

7 — Le même. Pâtre romain. — 7 600 fr.

8 — Delacroix (Eug). Attila vainqueur. — 2,350 fr.

9 — Diaz. Confidences de l'Amour. — 1,500 fr.

10 — Le même. Forêt de Fontainebleau. — 1,800 fr.

11 — Dupré (J.). La Mare. — 2,900 fr.

12 — Le même. Le Retour du Troupeau. 4,800 fr.

13 — Français. Vue prise du Bas-Meudon. — 2,625 fr.

14 — Fromentin. Fauconnier arabe. — 3,500 fr.

15 — Le même. Une Halte au Désert. — 3,400 fr.

16 — Gérome. Intérieur d'un lupanar. — 10,000 fr.

17 — Landelle. Les Vanneuses de Béast. — 780 fr.

18 — Meissonier. 1814. — 23,800 fr.

19 — Riesener. Léda. — 1,125 fr.

20 — Robert-Fleury. L'Atelier du Titien. 2,000 fr.

21 — Roqueplan. L'Automne. — 580 fr.

22 — Rousseau (Th.). Fin d'Octobre. — 16,000 fr.

23 — Le même. La Plaine d'Achères. — 3,950 fr.

24 — Le même. La Mare. — 3,750 fr.

25 — Stevens (A.). Une Matinée à la campagne. — 5,200 fr.

26 — Ziem. Stamboul. — 4,900 fr.

Ch. Filhon.

DEUXIÈME VENTE MONBRO
OBJETS D'ART

Meubles, pendules, candélabres, etc., porcelaines de Sèvres, de Chine et autres montées et non montées, très beau service en porcelaine de Sèvres ancienne à décor fond bleu avec bouquets, consoles, cadres et siéges divers, très beau salon de l'époque Louis XVI, en chêne sculpté et doré avec sa cheminée en marbre blanc et bronze doré et son plafond sur toile, représentant un sujet mythologique, par François Boucher; grandes tapisseries et étoffes anciennes.

VENTE rue du Helder, 19, par suite d'expropriation et de cessation de commerce de M. MONBRO aîné.

Les mardi 21, mercredi 22, jeudi 23, vendredi 24 et samedi 25 avril 1868, à 2 heures.

Me Charles **PILLET**, commissaire-priseur, rue de Choiseul, 11 ; M. **FEBVRE**, expert, rue Saint-Georges, 14, où se distribue le catalogue,

EXPOSITIONS : particulière, le samedi 18 avril 1868; publique, les dimanche 19 et lundi 20 avril 1868, de 1 heure à 5 heures.

LE LUNDI 27 AVRIL 1868 ET LES 5 JOURS SUIVANTS.

VENTE THÉODORE ROUSSEAU
TABLEAUX, AQUARELLES

DESSINS et ÉTUDES, gravures, médailles, livres, curiosités et tapisseries.

VENTE à l'hôtel Drouot, salles nos 8, 9 et 5.

Les lundi 27, mardi 28, mercredi 29, jeudi 30 avril, vendredi 1er et samedi 2 mai 1868, à 2 heures.

Me Charles **PILLET**, commissaire-priseur, rue de Choiseul, 11. Experts: pour les tableaux, dessins, etc., M. **DURAND-RUEL**, expert, rue de la Paix, 1, et M. **BRAME**, rue Taitbout, 47; pour les livres et gravures, M. **CLÉMENT**, expert, rue des Saints-Pères, 3 ; pour les médailles et curiosités, MM. **ROLLIN** et **FEUARDENT**, rue Vivienne, 12.

EXPOSITIONS : particulière, le samedi 25 avril 1868; publique, les dimanche 26 et jeudi 30 avril 1868, de 1 heure à 5 heures. (Voir le catalogue et l'ordre des vacations.)

ANTOINE BAER
(DE FRANCFORT-SUR-MEIN)
EXPOSITION DE TABLEAUX ANCIENS
de 11 heures à 2 heures,
3, *Square Montholon (hôtel Mayran)*
PARIS.

AUGUSTE FONTAINE
LIVRES ANCIENS ET MODERNES
Rares et Curieux. Manuscrits